VERDI: LA TRAVIATA

Opera en Tres Actos

ॐ

Traducción al Español y Comentarios
por E. Enrique Prado

ॐ

Libreto por
Francesco Maria Piave

Jugum Press

ଚ

ISBN-10: 1-939423-60-0
ISBN-13: 978-1-939423-60-3

Imagen de portada: "Woman in Pink" de Charles Joshua Chaplin.
Estudio de Composer Giuseppe Verdi de Wikimedia Commons – en.wikipedia.org
(en el dominio público en los Estados Unidos y otros países)

Impreso en los Estados Unidos de América
Publicado por Jugum Press
www.jugumpress.com

Edición y diseño:
Annie Pearson, Jugum Press
Consultas y correspondencia:
jugumpress@outlook.com

Índice

Prefacio ໐ La Traviata

Esta ópera, la numero 18 escrita por Giuseppe Verdi (1813-1901) consta de tres actos. El libreto se debe a la pluma de Francesco Maria Piave, uno de los preferidos libretistas de Verdi y está basado en la novela *La Dama de las Camelias* de Alejandro Dumas (1848). La primera presentación tuvo lugar en el Teatro La Fenice de Venecia el 6 de Marzo de 1853, en Londres se estrenó el 24 de Mayo de 1856 en Her Majesty's Theatre, y en New York en The Academy of Music el 3 de Diciembre de 1856.

Cinco semanas antes del estreno Verdi se encontraba muy preocupado por la mediocridad del reparto que tenía para la premier, sobre todo, le inquietaba la soprano Fanny Salvini-Donatelli de quien tenía informes desalentadores provenientes de Paris, por lo que escribió al presidente del Teatro La Fenice para que realizara los mayores esfuerzos posibles para encontrar a otra soprano.

Verdi recomendó a Rosina Penco que acababa de crear el papel de Leonora en *Il Trovatore* (la anterior ópera de Verdi), "Esta cantante, escribió, tiene una bella figura, inteligencia y presencia teatral, precisamente las cualidades más deseables para *Traviata*." La administración no pudo contratarla.

Verdi llegó a Venecia el 21 de Febrero de 1853, trece días antes del estreno que fue el 6 de Marzo y que ciertamente fue un fracaso. Uno de los críticos escribió: "El estreno marcó un hito en la historia de los fiascos colosales." La segunda representación fue más afortunada.

A pesar del fracaso, Verdi mantenía una moral elevada, escribió varias cartas a sus amigos, una dirigida al director Mariani de Génova decía: "*La Traviata* ha sido un gran fiasco, y lo que es peor, el público rio. ¿Y bien, que quiere que le diga? No me inquieto. Yo estoy equivocado o ellos yerran. Por mi parte, no creo que anoche se haya dicho la última palabra acerca de *La Traviata*. ¡Volverán a verla y entonces hablaremos! Entretanto caro Mariani, anote un fiasco."

Ciertamente el público rio durante el último acto en que Violeta agotada por la consunción, y demasiado débil incluso para cambiarse de ropa muere en escena. Por desgracia, madame Fanny Salvini-Donatelli era regordeta y tenía un aire bastante saludable y parece que cada vez que intentaba una tos tuberculosa, el público se retorcía de risa.

Al parecer, además de la mediocridad de la soprano, el tenor había perdido la voz, y el barítono creía que el papel que le habían asignado era inferior a sus méritos. Se trataba de Felice Varesi que como había sido el primer *Rigoletto* y *Macbeth* de Verdi hubiera tenido que saber a qué atenerse, y su actuación superficial, sugiere que por una u otra razón la ópera no fue bien preparada para su primera presentación.

Ciertamente, el papel de Verdi en la producción es un misterio. Dumas hijo, había compuesto una obra contemporánea y asimismo fue como la escribió Verdi, pero cuando llegó el estreno; el periodo de la opera fue remitido a principios del siglo XVIII. Es extraño que Verdi jamás protestó antes o después de la producción, acerca de modificar el periodo. Es posible que estuviera tan atareado terminando la música de la ópera que no dispusiera de tiempo para la producción, y lo que debió ejecutarse con el mayor cuidado, pues se trataba de un nuevo tipo de opera en un ambiente contemporáneo algo por cierto desusado, fue resuelto de prisa en escena como un drama de época más, por hombres que no entendían la ópera y que tenían demasiada prisa para estudiarla.

Durante más de un año permaneció en los estantes, y no se la representó. Verdi, dijo a Ricordi, su editor, que no debía autorizar la presentación de fragmentos, a menos que el propio autor pudiera dirigirlos.

Los amigos venecianos de Verdi, encabezados por el violinista Antonio Gallo, solicitaron autorización para ensayar nuevamente la ópera en Venecia. Gallo se proponía presentarla en el Teatro San Benedetto, propiedad de su familia. Gallo reunió un grupo de buenos cantantes, ensayó con ellos y el 6 de Mayo de 1854, catorce meses después del estreno, de nuevo presentó *La Traviata* a los venecianos. Esta vez tuvo enorme éxito y Verdi que estaba en Paris observó secamente que el mismo público anterior estaba asistiendo a la misma opera. La historia ulterior fue distinta, pues inmediatamente comenzó a representarse en el mundo entero.

Traducción y comentarios por
E. Enrique Prado Alcalá
Tepoztlán, Marzo 1998

Sinopsis &o La Traviata

Acto Primero

La ópera se inicia con un preludio que hace sentir a la audiencia el advenimiento de una tragedia. Se levanta el telón en uno de los salones de la mansión parisina de Violeta Valery una cortesana. Se celebra una fiesta, Violeta recibe a los invitados entre ellos a Flora y su acompañante El Marqués de Obigny, llega quien presenta en a Violeta a Alfredo Germont un joven que la admira desde hace mucho tiempo y que durante el tiempo en que ella estuvo enferma preguntaba diariamente por su salud. Ella sor prendida por la devoción de Alfredo, le pregunta si lo comentado es cierto, él le responde afirmativamente, entonces ella le reclama a su protector el Barón Douphol no haber hecho lo mismo, lo cual lo incomoda en gran medida.

Gastón sugiere que su amigo Alfredo entretenga a la concurrencia con un brindis cantado, inicialmente él se rehúsa, pero ante la insistencia de Violeta lo hace y Violeta responde de la misma manera, finalmente todos los invitados terminan cantando el brindis al amor y al vino.

Se escucha la música que viene desde otro salón, Violeta invita a la concurrencia a iniciar el baile. Mientras caminan hacia el otro salón Violeta sufre un mareo y se sienta para reponerse informando a sus amigos que los alcanzará en unos momentos.

Violeta se mira en un espejo y comenta para sí misma su palidez en ese momento se da cuenta de que Alfredo está detrás de ella. Él le advierte que de seguir con ese ritmo de vida, va a tener serios problemas de salud. Ademas le confiesa estar enamorado de ella desde hace un año y ella le responde que solo puede ofrecerle amistad porque es incapaz de brindar amor y le aconseja que se olvide de ella. Ella toma una flor de su corsage y le dice que regrese cuando se haya marchitado. Él se alegra mucho porque eso significa que deberá volver al día siguiente. Él se marcha feliz.

Cansados de tanto divertirse los invitados se retiran.

Violeta se queda sola y se da cuenta de que le ha afectado mucho la declaración de Alfredo y de que sin saberlo es a alguien como él a quien ha estado esperando por largo tiempo para tener una vida llena de comprensión y amor.

Acto Segundo

Casa de campo de Violeta, cerca de Paris. Ahi han vivido portarte meses Violeta y Alfredo.

En atuendo de caza entra Alfredo y expresa la alegría que ha experimentado desde que vive con Violeta. Entra Annina la dama de compañía de Violeta y le dice que acaba de regresar de Paris a donde fue enviada por su señora para vender sus posesiones y así poder afrontar los gastos de la casa. Le informa que necesitas mil Luises para solventar los gastos. Alfredo contesta que inmediatamente sal hacia Paris para arreglar el asunto. Alfredo se queda solo presa de intenso remordimiento por no haber afrontado la situación financiera declarando sus intenciones de remediarlo todo.

Alfredo se va, entra Violeta y Giuseppe un sirviente le entrega una nota enviada por Flora en donde la invita a una fiesta esa misma noche. Giuseppe le anuncia la llegada de un caballero que resulta ser Giorgio Germont, el padre de Alfredo, Violeta sorprendida lo invita a sentarse pero él inmediatamente la acusa de estar llevando a su hijo a la ruina. Violeta le muestra los documentos que prueban que ella es la que está a cargo de todos los gastos.

Aun cuando él se convence de que Violeta ama a Alfredo, le pide que un sacrificio, le revela que Alfredo tiene una hermana y que si él se rehúsa a regresar a su hogar se pondrá en peligro la realización de su matrimonio. Violeta acepta separarse de Alfredo por un tiempo, pero Germont le dice que la separación debe ser definitiva.

Violeta que sabe que no tiene ni amigos ni familia y que está condenada a morir de tisis se horroriza ante la propuesta. Germont le hace ver que cuando el tiempo haya destruido sus encantos Alfredo se aburrirá y como su unión no ha sido bendecida por el matrimonio ella será abandonada. Finalmente ella cede y acepta realizar el sacrificio de dejar a Alfredo para siempre.

Germont se retira. Violeta se queda sola y escribe una nota, le ordena a Annina que la entregue al momento, Annina se sorprende al ver que va dirigida al Barón Douphol. Violeta le escribe una carta a Alfredo cuando éste hace su aparición. Y le pregunta que estaba haciendo, ella le responde que le escribía una carta y lo abraza entre sollozos pidiéndole que la ame por siempre, en la calma y ella se retira.

Entra Giuseppe y le informa que Violeta ha partido en un carruaje, él no le da importancia al hecho. Un mensajero le entrega una carta de Violeta, al comenzar a leerla de inmediato se da cuenta de que ella lo ha abandonado;

en ese momento llega Germont y lo abraza y lo invita a volver a su tierra natal y a su hogar. Alfredo que se encuentra muy alterado, en ese momento encuentra la invitación de Flora y furioso sale jurando venganza.

La escena cambia a una elegante habitación en la casa de Flora en París en donde ya han llegado algunos invitados. Flora y el doctor Grenvil se sorprenden al escuchar del Marques, que Violeta y Alfredo se han separado y que ella vendrá a la fiesta acompañada por el Barón Douphol. Entra un grupo de invitadas disfrazadas de gitanas que bromean mientras leen las palmas de algunos invitados. Enseguida Gastón y algunos amigos entran disfrazados de toreros y entretienen a la concurrencia relatando una historia de Piquillo el gran matador Biscaya. Después algunos invitados pasan a una mesa a jugar cartas. Llega Alfredo y al ser cuestionado sobre Violeta dice no saber nada de ella, enseguida se une a los jugadores de cartas. Violeta llega del brazo del Barón quien le advierte que no debe hablar con Alfredo. Violeta se siente muy incómoda y se arrepiente de haber asistido a la fiesta. Alfredo gana varios juegos y en voz alta se declara afortunado en el juego y desafortunado en el amor refiriéndose veladamente a Violeta.

El Barón se molesta y reta a Alfredo a un juego de cartas. Este se lleva a cabo, el Barón pierde una gran cantidad de dinero. Llega un sirviente a anunciar que la cena se encuentra servida. Los dos jugadores dejan para después el juego de la revancha. Todos pasan al salón comedor dejando vacío el escenario.

Violeta regresa sola, ya le ha enviado un mensaje a Alfredo para que la siga. Él llega y ella le pide que abandone la fiesta porque teme que el Barón le cause algún daño. Alfredo le pregunta que si no es ella la que teme sin amante y protector si él mata al Barón. Entonces él le promete abandonar la fiesta si ella lo sigue, Violeta le responde que ella no puede acompañarlo porque así lo ha prometido.

Él le pregunta si esa promesa se la ha hecho al Barón y ella le responde haciendo un gran esfuerzo que así es. Rodolfo monta en cólera y llama a los invitados, les informa que Violeta ha gastado mucho dinero en él, pero que ahora quiere que sean testigos de que con el dinero que ha ganado en el juego él está pagando su deuda y en ese momento arroja el dinero a los pies de ella. Violeta se desmaya en los brazos de Flora y los horrorizados invitados se vuelven contra Alfredo. Entra Germont en busca de su hijo y lo reprende severamente por su conducta ante una dama. Alfredo ya sin coraje se da cuenta de la situación y cae presa de tremendo remordimiento mientras Violeta gentilmente le reprocha su proceder.

Acto Tercero

Un preludio antecede el tercer acto que tiene lugar en la pobre habitación de Violeta en donde ella yace muriendo de tuberculosis atendidas por la leal Annina. Llega el doctor Grenvil que trata de consolarla diciéndole que la convalecencia no será prolongada, pero al salir le confiesa a Annina que solo le quedan algunas horas de vida. Informada Annina de que es Carnaval, ella la envía a dar algún dinero a los pobres.

Al quedar sola Violeta lee una carta enviada por Germont en donde le dice que hubo un duelo entre el Barón y Alfredo y que aquel fue herido y se encuentra convaleciente. Le dice que Alfredo está fuera del país y que ya se ha enterado del sacrificio de ella y que pronto llegará a pedir su perdón. Ella comenta que ya es demasiado tarde, se mira en un espejo y nota el gran deterioro que ha sufrido en su apariencia. En una patética aria recuerda los días del pasado y le pide a Dios clemencia para todos los que han errado.

Afuera, en la calle el ruido de las comparsas de carnaval.

Entra Alfredo y la abraza apasionadamente implorándole su perdón. Olvidando la gravedad de Violeta, Alfredo le ofrece volver a vivir una vida llena de alegría cuando ella recobre la salud.

Violeta decide ir a la iglesia a dar gracias por el regreso de Alfredo, le pide a Annina la ayude a vestirse pero cae exhausta en el esfuerzo por levantarse.

Alfredo aterrorizado envía a Annina a traer al doctor. Violeta protesta por su triste destino acompañada por las lágrimas de Alfredo. Annina regresa con el doctor y con Germont, éste lleno de remordimiento corre y abraza a Violeta.

Violeta consciente de que el final se acerca, entrega a Alfredo un retrato en miniatura de ella para que él recuerde por siempre a aquella que verdaderamente lo amó y le dice que cuando encuentre a una joven y se case con ella, le regale el retrato y le diga que es de alguien que desde el cielo velará por ambos.

De pronto Violeta declara que los espasmos y el dolor que la atormentaban han cesado y que la fuerza ha retornado a ella en ese momento cae hacia atrás, muerta.

FIN

Reparto ဢ La Traviata

VIOLETA VALERY — soprano
FLORA BERVOIX — mezzosoprano
ANNINA — soprano
ALFREDO GERMONT — tenor
GIORGIO GERMONT, su padre — barítono
GASTONE, Visconti de Letorieres — tenor
BARÓN DOUPHOL — barítono
MARCHESE D'OBIGNY — bajo
DOTTORE GRENVIL — bajo
GIUSEPPE, siervo de Violeta — tenor
UNA MASCOTA DE FLORA — bajo
PICCADORI, ZINGARE
SIRVIENTES DE VIOLETA Y FLORA
COMISARIO

Libreto ∞ La Traviata

Acto Primero

Un salón en la casa de Violeta, ella sentada en un sillón,
platicando con el Dr. Grenvil y con otros amigos que vienen y van.
Llegan Flora del brazo del Marques y el Barón y otros invitados.

CORO
Dell'invito trascorsa
è già l'ora voi tardaste
Giocammo da Flora.
È giocando quell'ore volar.

1. ¿Porque llegan tarde?
   Están muy retrasados
   Jugábamos cartas en casa de Flora.
   Y las horas volaron felices.

VIOLETA
Flora, amici, la notte che resta
d'altre gioie qui fate brillar
fra le tazze è più viva la festa.

2. Flora, amigos, la noche que
   resta será más alegre ahora
   que llegaron.

FLORA Y MARQUES
E goder voi potrete?

3. ¿Y tú puedes divertirte?

VIOLETA
Lo voglio;
al piacere m'affido, ed io soglio
col tal farmaco i mali sopir.

4. Lo quiero;
   al placer estoy habituada
   y con fármacos lo puedo hacer.

TODOS
Sì, la vita s'addoppia al gioir.

5. Si, el placer duplica la vida.

ESCENA II

Entra Gastón acompañado se Alfredo mientras los sirvientes preparan la mesa.
El Marques de Obigny quien presenta a Violeta a Alfredo Germont.

GASTON
In Alfredo Germont, o signora,
ecco un altro che molto vi onora;
pochi amici a lui simili sono.

6. En Alfredo Germont, oh señora,
   encuentras a alguien que mucho te admira;
   pocos amigos se le parecen.

VIOLETA
Mio Visconte, mercè di tal dono.

MARQUES
Caro Alfredo.

ALFREDO
Marchese.

GASTON
T'ho detto.
L'amistà qui s'intreccia al diletto.

VIOLETA
Pronto è il tutto?
Un servo accenna di sì.
Miei cari sedete:
È al convito che s'apre ogni cor.

TODOS
Ben diceste, le cure segrete
fuga sempre l'amico licor.
e al convito che s'apre ogni cor.

GASTON
Sempre Alfredo a voi pensa.

VIOLETA
Scherzate?

GASTON
Egra foste,
è ogni dì con affanno.
Qui volò, di voi chiese.

VIOLETA
Cessate.
Nulla son io per lui.

GASTON
Non v'inganno.

VIOLETA
Vero è dunque? Onde è ciò?
Nol comprendo.

ALFREDO
Si, egli è ver.

VIOLETA
Le mie grazie vi rendo.
Voi Barone, feste altrettanto.

7. *(Da la mano a Alfredo y el se la besa)*
Gracias Vizconde, por éste regalo.

8. Querido Alfredo.

9. Marques.

10. *(a Alfredo)*
Te lo he dicho.
Aquí la amistad se confunde con el placer.

11. *(A los sirvientes)*
¿Está todo listo?
Queridos míos, sentaos:
Y que el banquete abra
todos los corazones.

12. Bien dicen que el licor
es un amigo que cura las penas
secretas y en con vivió, abre los corazones.

13. *(En voz baja a Violeta)*
Siempre Alfredo piensa en ti.

14. ¿Estas bromeando?

15. Cuando estuviste enferma
ansioso vino a diario
a preguntar por ti.

16. Cálmate.
No soy nada para él.

17. No, te engañas.

18. *(A Alfredo)*
¿Es cierto entonces?
No lo comprendo.

19. Sí, es verdad.

20. *(A Alfredo)*
Le doy las gracias.
To Barón nunca fuiste tan atento.

BARÓN
Vi conosco da un anno soltanto.

21.   Solo te conozco desde hace un año.

VIOLETA
Ed ei solo da qualche minuto.

22.   Y el solo desde hace minutos.

FLORA
Meglio fora se aveste taciuto.

23.   *(A Barón)*
Mejor te hubieras callado.

BARÓN
Mi è increscioso quel giovin.

24.   Me sorprende éste joven.

FLORA
Perchè?
A me invece simpatico egli è.

25.   ¿Porque?
Yo lo encuentro encantador.

GASTON
E tu dunque non apri più bocca?

26.   *(A Alfredo)*
¿Tú no has abierto mucho la boca todavía?

MARQUES
È a madama che scuoterlo tocca.

27.   *(A Violeta)*
Es privilegio de la dama aflojar su lengua.

VIOLETA
Sarò l'Ebe che versa.

28.   *(Sirviendo una copa a Alfredo)*
Yo seré la que sirve el vino.

ALFREDO
E ch'io bramo
immortal come quella.

29.   Por eso será
usted inmortal.

TODOS
Beviamo.

30.   Bebamos bebamos bebamos.

GASTON
O barone, nè un verso, nè un viva
troverete in quest'ora giuliva?

Dunque a te.

31.   Oh Barón, ni un verso encuentra
en esta hora de regocijo.

(A Alfredo)
Entonces tú.

TODOS
Sì, sì, un brindisi!

32.   ¡Si, si, un brindis!

ALFREDO
L'estro
Non m'arride

33.   La inspiración no me llega.

GASTON
E non sè tu maestro?

34.   ¿Y no eres tú un maestro?

ALFREDO
Vi fia grato?

35.   *(A Violeta)*
¿Le gustaría?

VIOLETA
Sì.

ALFREDO
Sì? L'ho già in cor.

MARQUES
Dunque... attenti.

TODOS
Sì, attenti al cantor.

ALFREDO
Libiam nè lieti calici
che la bellezza infiora,
e la fuggevol ora
s'inebri a voluttà.
Libiam nè dolci fremiti
che suscita l'amore,
poichè quell'occhio al core.
Onnipotente va.
libiamo, amor fra i calici
più caldi baci avrà.

TODOS
Libiamo, amor fra i calici
più caldi baci avrà.

VIOLETA
Tra voi saprò dividere
il tempo mio giocondo;
tutto è follia nel mondo
ciò che non è piacer.
Godiam, fugace e rapido
è il gaudio dell'amore;
è un fior che nasce e muore,
nè più si può goder.
Godiam!
C'invita un fervido
accento lusinghier.

TODOS
Ah! Si godiam la tazza e il cantico
la notte abbella e il riso;
in questo paradiso
ne scopra il nuovo dì.

VIOLETA
La vita è nel tripudio.

36. Si.

(Se levanta)
37. ¿Si? Ya lo tengo en mi corazón.

38. Entonces... escuchen.

39. Si, escuchemos al cantor.

40. Bebamos de éste cáliz
     donde la belleza florece,
     y la hora fugaz
     se embriaga a voluntad.
     Libemos en el dulce frenesí
     que suscita el amor,
     porque esos ojos al corazón.
     Omnipotente van.
     Bebamos, amor, entre los cálices
     y más cálidos besos habrá.

41. Ah, bebemos, amor entre copas
     más cálidos besos habrán.

(Se levante)
42. Con usted, sabré compartir
     todo mi tiempo feliz;
     todo es locura en el mundo
     que no nos bringa placer.
     Gocemos, efímero y rápido
     el placer del amor;
     es una flor que nace y muere,
     y que no se puede disfrutar.
     ¡Gocemos!
     Nos invita un ardiente
     acento luminoso.

43. ¡Ah! Si gocemos de las copas y el canto
     que embellecen la noche u la risa;
     en éste paraíso hasta
     que nos descubra el nuevo día.

(A Alfredo)
44. La vida es solo, placer.

ALFREDO
Quando non s'ami ancora.

(A Violeta)
45.   Cuando aún no se ha amado.

VIOLETA
Nol dite a chi l'ignora.

(A Alfredo)
46.   No lo digas a quien lo ignora.

ALFREDO
È il mio destin così.

(A Violeta)
47.   Así es mi destino.

TODOS
Ah! Si godiamo
la tazza e il cantico
la notte abbella e il riso
in questo paradiso
ne scopra il nuovo di.

48.   ¡Ah! Si gocemos
de las copas y los cantos
que embellecen la noche y la risa
y que en éste paraíso
nos descubra el nuevo día.

VIOLETA
La vita è net tripudio.

(A Alfredo)
49.   La vida está en el placer.

ALFREDO
Quando non s'ami ancora.

(A Violeta)
50.   Cuando todavía no se ama.

VIOLETA
Nol dite a chi l'ignora.

(A Alfredo)
51.   No lo digas a quien lo ignora.

ALFREDO
È il mio destin così.

(A Violeta)
52.   Así es mi destino.

TODOS
Ah! Si godiam
la tazza e il cantico
la notte abbella e il riso.
In questo paradiso,
ne scopra il nuovo dì.

53.   ¡Ah! Si gocemos
de las copas y el canto
que embellece la noche y la risa.
Gocemos en este paraíso,
que nos descubra el nuevo día.

Che è ciò?

(Se escucha la misca en la otra sala.)
¿Qué es eso?

VIOLETA
Non gradireste ora le danze?

54.   ¿No les agradaría bailar?

TODOS
Oh, il gentil pensier!
Tutti accettiamo.

55.   ¡Oh, que gentil pensamiento!
Todos aceptamos.

VIOLETA
Usciamo dunque!

56.   ¡Entonces vayamos!

Todos se diriggen a la puerta central, de pronto Violeta se torna muy pálida y dice.

Ohimè!   ¡Cielos!

TODOS
Che avete?

57.   ¿Qué te pasa?

VIOLETA
Nulla, nulla.

58.   Nada, nada.

TODOS
Che mai v'arresta?

59.   ¿Qué te pasa?

VIOLETA
Usciamo!

60.   ¡Salgamos!

Oh Dio!

(Se siente mal y se sienta.)
¡Oh Dios!

TODOS
Ancora!

61.   ¡Otra vez!

ALFREDO
Voi soffrite?

62.   ¿Estas enferma?

TODOS
O ciel! Ch'è questo?

63.   ¡Oh cielos! ¿Qué es esto?

VIOLETA
Un tremito che provo
or là passate.

64.   Siento un templo
pero pasen allá.

Tra poco anch'io sarò.

(Indica la otra sala.)
Dentro de poco estaré con ustedes.

TODOS
Come bramate.

65.   Como tú quieras.

ESCENA III

Todos pasan a la otra sala menos Alfredo.

VIOLETA
Oh qual pallor!

(Va a mirarse al espejo.)
66.   ¡Como estoy pálida!

Voi qui?

(Ve a Alfredo.)
¿Tu aquí?

ALFREDO
Cessata è l'ansia che vi turbò?

67.   ¿Ha pasado el ansia que te turbo?

VIOLETA
Sto meglio.

68.   Estoy mejor.

ALFREDO
Ah, in cotal guisa v'ucciderete aver,
v'è d'uopo cura dell'esser vostro.

69.   Ah, paso que vas, vas a morir,
deberías de cuidarte más.

VIOLETA
E lo potrei?

70. ¿Y cómo puedo hacerlo?

ALFREDO
Oh! Se mia foste,
custode io veglierei pè
vostri soavi dì.

71. ¡Oh! Si fueras mía,
sería el mejor guardián para
ti y tus suaves días.

VIOLETA
Che dite?
Ha forse alcuno cura di me?

72. ¿Qué Dices?
¿Acaso hay alguien que se preocupe por mí?

ALFREDO
Perchè nessuno al mondo v'ama.

73. Porque ninguna en el mundo te ama.

VIOLETA
Nessun?

74. ¿Ninguno?

ALFREDO
... Tranne sol io.

75. ... Excepto yo.

VIOLETA
Gli è vero!
Sì grande amor dimenticato avea.

(Riendo)
76. ¡Si, es verdad!
Si babia olvidado ese gran amor.

ALFREDO
Ridete?
E in voi v'ha un core?

77. ¿Ríe?
¿Y en ti hay un corazón?

VIOLETA
Un cor? Sì forse.
E a che lo richiedete?

78. ¿Un corazón? So quizás.
¿Y porque preguntas?

ALFREDO
Ah, se ciò fosse,
non potreste allora celiar.

79. Ah, si yo fuera ese,
no podrías ahora bromear.

VIOLETA
Dite davvero?

80. ¿Deberás lo dices?

ALFREDO
Io non v'inganno.

81. Yo no te engaño.

VIOLETA
Da molto è che mi amate?

82. ¿Hace mucho que me amas?

ALFREDO
Ah sì, da un anno.
Un dì, felice, eterea
mi balenaste innante
e da quel dì tremante
vissi d'ignoto amor.
Di quell'amor ch'è palpito
dell'universo intero,
misterioso, altero,
croce e delizia al cor.

VIOLETA
Ah, se ciò è ver, fuggitemi
solo amistade io v'offro
amar non so, nè soffro.

Un così eroico amor.
Io sono franca, ingenua.

Altra cercar dovete
non arduo troverete
dimenticarmi allor.

GASTON
Ebben?
Che diavol fate?

VIOLETA
Si foleggiava.

GASTON
Ah, ah! Sta ben restate.

VIOLETA
Amor dunque non più
vi garba il patto?

ALFREDO
Io v'obbedisco. Parto.

VIOLETA
A tal giungeste?

Prendete questo fiore.

ALFREDO
Perchè?

VIOLETA
Per riportarlo.

83. Ah sí, desde hace un año.
Un día feliz, etérea
tú me iluminaste
y desde ese día, tembloroso
ha vivido mi ignorado amor.
De aquel amor que es pulso
del universo entero,
misterioso, inalcanzable,
que es cruz y delicia del corazón.

84. Ah, so eso es cierto, vete
solo amistad yo te ofrezco
amar yo no sé ni siento.

Un amor heroico como ese.
Yo soy franca, e ingenua.

Tú debes de buscar a otra
no será difícil encontrarla
y entonces me olvidarás.

85. ¿Y bien?
¿Qué diablos hacen?

86. Solo platicamos.

87. ¡Ah, ah! Está bien continúen.

(A Alfredo)
88. ¿No hablemos de amor
hacemos ese pacto?

89. Yo te obedezco. Me voy.

90. ¿Eso decidiste?

(Toma una flor de su corsage.)
Toma ésta flor.

91. ¿Porque?

92. Para que me la devuelvas.

ALFREDO
Quando?

93. ¿Cuándo?

VIOLETA
Quando sarà appassito.

94. Cuando se haya marchitado.

ALFREDO
O ciel! Domani.

95. ¡Oh cielos! ¡Mañana!

VIOLETA
Ebben, domani.

96. Muy bien, mañana.

ALFREDO
Io son felice!

(Toma la flor)
97. ¡Yo soy feliz!

VIOLETA
D'amarmi dite ancora?

98. ¿Aun dices que me amas?

ALFREDO
Oh, quanto v'amo!

99. ¡Oh, cuanto te amo!

VIOLETA
Partite?

100. ¿Te vas?

ALFREDO
Parto.

(Le loma la mano y la besa)
101. Me voy.

VIOLETA
Addio.

102. Adiós.

ALFREDO
Di più non bramo.
Addio.

103. Ya no pido más.
Adiós.

(Sale.)

ESCENA IV

Todos regresan de la sala de baile cansados de danzar.

TODOS
Si ridesta in ciel l'aurora,
e n'è forza di partir;
mercè a voi, gentil signora,
di sì splendido gioir.
La città di feste è piena,
volge il tempo dei piacer;
nel riposo ancor la lena
si ritempri per goder.

104. Ya aparece en el cielo la aurora,
y nos obliga a partir;
gracias a usted, gentil señora,
por tan espléndida fiesta.
La ciudad llena de fiesta está,
voló la hora del placer;
en el reposo encontraremos
las fuerzas para gozar.

(Salen.)

ESCENA V

VIOLETA

È strano! È strano!	105. ¡Es extraño! ¡Es extraño!
In core scolpiti ho quegli accenti.	En mi corazón se han gravado esas palabras.

Sarìa per me sventura un serio amore?	¿Será para mi desventura un amor
Che risolvi, o turbata anima mia?	verdadero?
Null'uomo ancora t'accendeva.	¿Qué debo hacer oh turbada alma mía?
	Ningún hombre antes me había encendido.

O gioia!	¡Qué alegría!
Ch'io non conobbi,	¡Yo nunca supe,
essere amata amando!	amar y ser amada!
E sdegnarla poss'io	¿Podría yo desdeñarlo
per l'aride follie del viver mio?	por la locura estéril de mí vivir?

Ah, fors'è lui che l'anima	Ah, quizás es el
Solinga nè tumulti.	solitario en el tumulto.
Godea sovente pingere	¡Deleitándose al pintar
dè suoi colori occulti!	con sus misterios colores!
Lui che modesto e vigile	El que modesto y vigilante
ALL'EGRE soglie ascese,	estuvo durante mi enfermedad,
e nuova febbre accese.	y convirtió mi acceso de fiebre.

Destandomi all'amor.	En una ardiente flama de amor.
A quell'amor ch'è palpito	Aquel amor que hace palpitar
dell'universo intero,	al universo entero,
misterioso, altero,	misterioso, extraño,
croce e delizia al cor.	tormento y delicia a mi corazón.

Follie! Follie delirio vano è questo!	¡Lucirá! ¡Delirio vano es esto!
Povera donna, sola abbandonata	Pobre mujer, sola abandonada
in questo popoloso deserto	en éste populoso desierto
che appellano Parigi.	que llamamos Paris.
Che spero or più?	¿Qué puedo esperar?
Che far degg'io?	¿Qué debo hacer?

Gioire!	¡Disfrutar!
Di voluttà nei vortici perire!	¡Y por mi voluntad morir en el vórtice!
Gioire!	¡Disfrutar!

Sempre libera degg'io	Siempre libre yo andaré
folleggiar di gioia in gioia,	de placer en placer,
vò che scorra il viver mio	que transcurra mi vivir
pei sentieri del piacer.	para disfrutar del placer.
Nasca il giorno, o il giorno muoia,	Nazca el día o el día muera
sempre lieta nè ritrovi	siempre alegre me encuentre
a diletti sempre nuovi	en placeres siempre nuevos
dee volare il mio pensier.	que hagan volar mi pensamiento.

ALFREDO
Amor è palpito.

VIOLETA
Oh!

ALFREDO
... dell'universo intero.

VIOLETA
Oh! Amore!

ALFREDO
Misterioso altero
croce e delizia al cor.

VIOLETA
Follie!
Gior!
Sempre libera deggio...

106. *(En el balcon)*
Amor que hace palpitar.

107. ¡Oh!

108. ... al universo entero.

109. Oh! ¡Amor!

110. Misterioso, entraño
tormento y delicia al corazón.

111. ¡Es locura!
¡Placer!
Siempre libre...

Acto Segundo

ESCENA I

En una casa de campo cercana a Paris.

ALFREDO
Lunge da lei per me
non v'ha diletto!
Volaron già tre lune
dacchè la mia Violeta
agi per me lasciò, dovizie, onori,
e le pompose feste
ove, agli omaggi avvezza,
vedea schiavo ciascun di sua bellezza
ed or contenta in questi ameni luoghi
tutto scorda per me.
Qui presso a lei
io rinascer mi sento,
e dal soffio d'amor rigenerato.

Scordo nè gaudii suoi
tutto il passato.
Dè miei bollenti spiriti
il giovanile ardore
ella temprò col placido
sorriso dell'amore.
Dal dì che disse: vivere
io voglio a te fedel,
dell'universo immemore
io vivo quasi in ciel.

(En traje de caceria)

112. ¡Cuando ella no está
no me siento contento!
Ahí han vivido por tres meses
desde que mi Violeta
dejó por mi sus locos amores
y las pomposas fiestas
en que hacia homenajes,
a los que esclavizaba con su belleza
pero ella está contenta en este hermoso
lugar en donde todo olvido por mí.
Aquí a su lado
yo me siento renacer, y revivido
por el aliento del amor regenerado.

Y he olvidado el pasado
en medio de tanta delicia.
Mi apasionado espíritu
el juvenil ardor
ella templó con su plácida
sonrisa del amor.
Desde el día que dijo: viviré
yo quiero serte fiel,
he olvidado el universo
y casi vivo en el cielo.

ESCENA II

Entra Annina presurosa, en traje de viaje.

ALFREDO
Annina, donde vieni?

113. ¿Annina, de dónde vienes?

ANNINA
Da Parigi.

114. De Paris.

ALFREDO
Chi tel commise?

115. ¿Quién te envió?

ANNINA
Fu la mia signora.

ALFREDO
Perchè?

ANNINA
Per alienar cavalli, cocchi,
e quanto ancor possiede.

ALFREDO
Che mai sento?

ANNINA
Lo spendio è grande a viver qui solinghi.

ALFREDO
E tacevi?

ANNINA
Mi fu il silenzio imposto.

ALFREDO
Imposto! Or v'abbisogna?

ANNINA
Mille luigi.

ALFREDO
Or vanne andrò a Parigi.
Questo colloquio ignori la signora.
Il tutto valgo a riparare ancora.
Va! Va!

116. Fue mi señora.

117. ¿Por qué?

118. Para vender los caballos, los carruajes,
y todo lo que aún posee.

119. ¿Que oigo?

120. Es muy alto el costo de vivir aquí.

121. ¿Y por qué no me lo dijiste?

122. Me fue impuesto el silencio.

123. ¡Impuesto! ¿Cuánto necesitamos?

124. Mil luises.

125. Puedes irte iré a Paris.
No hables de esto a la señora.
Ahora iré a repararlo todo.
¡Vete! ¡Vete!

Sale Annina.

ESCENA III

ALFREDO
O mio rimorso! O infamia
e vissi in tale errore?
Ma il turpe sogno a frangere
il ver mi balenò.
Per poco in seno acquetati,
O grido dell'onore;
m'avrai securo vindice;
quest'onta laverò.

126. ¡Que remordimiento! ¿Qué infamia
He vivido en tal error?
Pero la verdad como un destello
me hizo dejar mi sueño.
Por poco tiempo tuve calma,
Oh grito de mi honor;
pero de seguro habrá venganza;
Esta infamia lavaré.

Alfredo sale.

ESCENA IV

Entra Violeta con algunos papeles en su mano hablando con Annina.
Detrás de ellas Viuseppe.

VIOLETA
Alfredo?

127. ¿Y Alfredo?

ANNINA
Per Parigi or or partiva.

128. Ha partido hacia Paris.

VIOLETA
E tornerà?

129. ¿Y regresará?

ANNINA
Pria che tramonti il giorno
dirvel m'impose.

130. Antes de que transcurra el día
me ordenó se lo dijera.

VIOLETA
È strano!

131. ¡Qué extraño!

GIUSEPPE
Per voi.

(Mostrandole una carta)
132. Para usted.

VIOLETA
Sta bene. In breve
Giungerà un uom d'affari,
entri all'istante.

(La toma)
133. Está bien. Dentro de poco
vendrá un hombre por negocios,
hazlo pasar de inmediato.

Annina y Giuseppe salen.
Violeta abre la carta.

VIOLETA
Ah, ah, scopriva Flora
il mio ritiro!
E m'invita a danzar per questa sera!
Invan m'aspetterà.

(Leyendo)
134. ¡Ah, Flora ha encontrado
mi lugar de retiro!
¡Y me invita a danzar esta noche será!
Me esperará en vano.

Entra Giuseppe se acerca a Violeta.

GIUSEPPE
È qui un signore.

135. Está aquí un señor.

VIOLETA
Ah! Sarà lui che attendo.

136. Debe de ser al que espero.

GERMONT
Madamigella Valèry?

137. ¿Señorita Valeri?

VIOLETA
Son io.

138. Yo soy.

GERMONT
D'Alfredo il padre in me vedete.

VIOLETA
Voi!

GERMONT
Sì, dell'incauto, che a ruina corre,
Ammaliato da voi.

VIOLETA
Donna son io, signore,
ed in mia casa;
ch'io vi lasci assentite,
più per voi che per me.

GERMONT
Quai modi!
Pure.

VIOLETA
Tratto in error voi foste.

GERMONT
Dè suoi beni dono vuol farvi.

VIOLETA
Non l'osò finora
rifiuterei.

GERMONT
Pur tanto lusso...

VIOLETA
A tutti è mistero quest'atto
a voi nol sia.

GERMONT
Ciel! Che discopro!
D'ogni vostro avere or volete spogliarvi?
Ah, il passato perchè, perchè v'accusa?

VIOLETA
Più non esiste or amo Alfredo,
e Dio lo cancellò
col pentimento mio.

GERMONT
Nobili sensi invero!

139. En mi ve usted al padre de Alfredo.

140. ¡Usted!

141. Si, del incauto que corre hacia,
la ruina envuelto por usted.

(Levantándose indignada)
142. Soy una mujer, señor,
y ésta es mi casa;
permítame, yo me retiro,
pero será para usted que para mí.

(Para si mismo)
143. ¡Que modales!
Siempre es lo mismo.

144. Usted está en un error.

145. Él quiere hacer todo por usted.

146. Él no se atrevería
y yo me opondría.

147. Hay tanto lujo...

(Mostrando un documento)
148. Para todos es un misterio
pero para usted no lo será.

(Leyendo el documento)
149. ¡Cielos! ¡Que descubro!
¿Todos sus bienes quieren perder?
¿Es su pasado el que la acusa?

150. Ese ya no existe. Amo a Alfredo,
Dios borró mi pasado
con mi arrepentimiento.

151. ¡En verdad son nobles sentimientos!

VIOLETA
Oh, come dolce
mi suona il vostro accento!

GERMONT
Ed a tai sensi
un sacrificio chieggo.

VIOLETA
Ah no, tacete!
Terribil cosa chiedereste certo!
Il previdi... v'attesi!
Era felice troppo!

GERMONT
D'Alfredo il padre
la sorte, l'avvenir domanda or qui
dè suoi due figli!

VIOLETA
Di due figli?

GERMONT
Sì.
Pura siccome un angelo
iddio mi diè una figlia.
Se Alfredo nega riedere
in seno alla famiglia,
l'amato e amante giovane,
cui sposa andar dovea,
or si ricusa al vincolo
che lieti ne rendea.
Deh, non mutate in triboli
le rose dell'amor.
Ai preghi miei resistere non voglia
il vostro cor.

VIOLETA
Ah, comprendo
dovrò per alcun tempo
da Alfredo allontanarmi doloroso
fora per me... pur.

GERMONT
Non è ciò che chiedo.

VIOLETA
Cielo, che più cercate?
Offersi assai!

---

152. ¡Que dulces
me suenan sus palabras!

153. Y ante tales sentimientos
un sacrificio os pido.

154. ¡No, calle!
¡Usted me pedirá algo terrible!
¡Lo presentía... lo esperaba!
¡Yo era tan feliz!

155. ¡El padre de Alfredo
os ruega por el futuro
de sus dos hijos!

156. ¿Sus dos hijos?

157. Si.
Pura como un ángel
Dios me dio una hija.
Si Alfredo se rehúsa a regresar
al seno de la familia,
el amante joven que la ama,
y cuya esposa ella será,
se negará a formar el vínculo
que alegres esperamos.
Por favor, no cambie en dolor
las rosas del amor.
A mis ruegos no se resistirá
vuestro corazón.

158. Ah, comprendo
debo alejarme
de Alfredo por algún tiempo
será doloroso para mi... pero.

159. No es eso lo que pido.

160. ¿Cielos, que espera usted?
¡Ya le he ofrecido bastante!

GERMONT
Pur non basta.

VIOLETA
Volete che per sempre a lui rinunzi?

GERMONT
È d'uopo!

VIOLETA
Ah, no giammai!
No mai!
Non sapete quale affetto
vivo, immenso m'arda in petto?
Che nè amici, nè parenti
io non conto tra i viventi?
E che Alfredo m'ha giurato
che in lui tutto io troverò?
Non sapete che colpita
d'altro morbo è la mia vita?
Che già presso il fin ne vedo?
Ch'io mi separi da Alfredo?
Ah, il supplizio è si spietato,
che morir preferirò.
Si morir preferirò.

GERMONT
È grave il sacrifizio,
Ma pur tranquilla udite
Bella voi siete e giovane.
Col tempo...

VIOLETA
Ah, più non dite
v'intendo m'è impossibile
lui solo amar vogl'io.

GERMONT
Sia pure ma volubile
Sovente è l'uom.

VIOLETA
Gran Dio!

161. Pero no lo suficiente.

162. ¿Quiere que para siempre a él renuncie?

163. ¡Es necesario!

164. ¡Ah, no jamás!
¡No, nunca!
¿No sabe usted lo inmenso que es
el amor que arde en mi pecho?
¿Que ya ni amigos ni parientes
existen para mí?
¿Y qué Alfredo me ha jurado
que en él todo encontraré?
¿No sebe usted que estoy enferma y
que mis días están contados?
¿Qué ya pronto veo en fin?
¡Que yo me separe de Alfredo!
El suplicio será insoportable,
yo morir preferiré.
Si morir preferiré.

165. Es grande el sacrificio
Pero escúchame con tranquilidad
eres hermosa y joven
Con el tiempo...

166. Ah, no diga más
lo entiendo me es imposible
solo quiero amarlo.

167. Es posible, pero los hombres
son volubles.

168. ¡Gran Dios!

GERMONT
Un dì, quando le veneri
il tempo avrà fugate,
fia presto il tedio a sorgere.
Che sarà allor? Pensate
per voi non avran balsamo
i più soavi affetti
poichè dal ciel non furono
tai nodi benedetti.

VIOLETA
È vero!

GERMONT
Siate di mia famiglia
l'angiol consolatore!
Violeta, deh, pensateci,
ne siete in tempo ancor.
È Dio che ispira, o giovine
tai detti a un genitor.

VIOLETA
Così alla misera
ch'è un dì caduta
di più risorgere speranza è muta!
Se pur beneficio le indulga Iddio,
l'uomo implacabile per lei sarà.

Dite alla giovine sì bella e pura
ch'avvi una vittima della sventura,
cui resta un unico raggio di bene
che a lei il sacrifica e che morrà.

GERMONT
Sì, piangi, o misera!
Supremo, il veggo, è il sacrificio.
Ch'ora io ti chieggo...
coraggio e il nobile
cor vincerà.

VIOLETA
Imponete.

GERMONT
Non amarlo ditegli.

VIOLETA
Nol crederà.

GERMONT
Partite!

169. Un día, cuando el tiempo haya
desvanecido tus encantos,
y el tedio surja sin remedio.
¿Qué pasará entonces? Piénsalo
para ti no existirá el bálsamo
suave del afecto porque los
lazos que los unen no han sido
bendecidos por el cielo.

170. ¡Es verdad!

171. ¡Sé para mi familia
el ángel consolador!
Violeta solo piensa,
aun tienes tiempo.
Es Dios quien inspira, o jóvenes
estas palabras a un padre.

(Con gran dolor)
172. ¡Entonces para esta pobre mujer
que ya cayó un día no existe
mas esperanza de resurgir!
Si en su misericordia Dios es indulgente,
el hombre será implacable para ella.

Dígale a la joven bella y pura
que hay una víctima de la des ventura,
que le queda un único rayo de felicidad
que por ella lo sacrifica y que morirá.

173. ¡Llora pobre mujer, llora!
Veo tu supremo sacrificio.
Y en mi alma siento tu pena...
con ese valor tu noble
corazón vencerá.

174. Diga que quiere que haga.

175. Dile que no lo amas.

176. No lo creerá.

177. ¡Vete!

VIOLETA
Seguirammi.

178. Me seguirá.

GERMONT
Allor...

179. Entonces...

VIOLETA
Qual figlia m'abbracciate
forte così sarò.

Tra breve ei vi fia reso,
ma afflitto oltre ogni dire.
A suo conforto
di colà volerete.

180. Abráceme como a su hija
para que me sienta fuerte.

Pronto el regresará a usted,
más triste que lo que puedan.
Decir las palabras
usted deberá estar ahí para consolaría.

Ella le indica el jardin.
Ella se dirige a su escritorio.

GERMONT
Che pensate?

181. ¿Qué piensas?

VIOLETA
Sapendol, v'opporreste al pensier mio.

182. Si lo digo se opondrá a ello.

GERMONT
Generosa!
E per voi che far poss'io?
Che far poss'io o generosa?

183. ¡Generosa!
¿Y por ti que puedo hacer?
¿Qué puedo hacer por ti?

VIOLETA
Morrò! La mia memoria
non fia ch'ei maledica,
se le mie pene orribili
vi sia chi almen gli dica.

184. ¡Pronto moriré!
Y él no maldecirá mi memoria,
si usted le hace saber la pena
horrible que he sufrido.

GERMONT
No, generosa, vivere.
E lieta voi dovrete,
mercè di queste lagrime
dal cielo un giorno avrete.

185. No, generosa, tú vivirás.
Y vas a estar contenta,
y un día el cielo te recompensará
las lágrimas derramadas.

VIOLETA
Conosca il sacrifizio
ch'io consumai d'amor.
Che sarà suo fin l'ultimo
sospiro del mio cor.

186. Que conozca el sacrificio
que he consumado por el amor.
Que sepa que es suyo el último
suspiro de mi corazón.

GERMONT
Premiato il sacrifizio
sarà del vostro amor;
d'un opra così nobile
sarete fiera allor.
Sì!

187. Premiado será el sacrificio
que has hecho por vuestro amor;
estarás muy orgullosa por
una acción tan noble.
¡Si!

VIOLETA
Qui giunge alcun: partite!

188. ¡Alguien viene, váyase usted!

GERMONT
Ah, grato v'è il cor mio!

189. ¡Gracias de todo corazón!

VIOLETA
Partite.
Non ci vedrem più forse.

(Se abrazan)
190. Váyase ahora.
Quizás no volvamos a vernos.

VIOLETA Y GERMONT
Siate felice! Addio!

191. ¡Que seas feliz! ¡Adiós!

(Germont sale.)

VIOLETA
Conosca il sacrifizio
ch'io consumai d'amore...

192. Que conozca el sacrificio
que yo me consumo de amor...

GERMONT
Sì, sì.

(Desde la puerta)
193. Si, si.

VIOLETA
Che sar suo fin l'ultimo.
Addio!

194. Que será su último suspiro.
¡Adiós!

GERMONT
Addio!

195. ¡Adiós!

VIOLETA Y GERMONT
Felice siate! Addio!

196. ¡Que seas feliz! ¡Adiós!

ESCENA VI

VIOLETA
Dammi tu forza, o cielo!

(Se sienta y escribe)
197. ¡Dame fuerzas, oh cielo!

(Suena la campanilla.)

ANNINA
Mi richiedeste?

198. ¿Me llamó usted?

VIOLETA
Sì, reca tu stessa
questo foglio.

199. Si, entrega tu misma
esta carta.

ANNINA
Oh!

(Se sorprende al ver ele nombre del destinatario)
200.   ¡Oh!

VIOLETA
Silenzio! Và all'istante!

201.   ¡Silencio! ¡Ve de inmediato!

(Sale Annina.)
Ed ora si scriva a lui
che gli dirò?
Chi men darà il coraggio?

¿Y ahora una nota para él
que le diré?
¿Quién me dará el valor?

Entra Alfredo.

ALFREDO
Che fai?

202.   ¿Qué haces?

VIOLETA
Nulla.

(Escondiendo la carta)
203.   Nada.

ALFREDO
Scrivevi?

204.   ¿Escribías?

VIOLETA
Sì... no.

205.   Si... no.

ALFREDO
Qual turbamento!
A chi scrivevi?

206.   ¡Por qué tan turbada!
¿A quién le escribías?

VIOLETA
A te.

207.   A ti.

ALFREDO
Dammi quel foglio.

208.   Dame la carta.

VIOLETA
No, per ora.

209.   No, por ahora.

ALFREDO
Mi perdona, son io preoccupato.

210.   Perdóname, estoy preocupado.

VIOLETA
Che fu?

211.   ¿Qué te pasa?

ALFREDO
Giunse mio padre.

212.   Llegó mi padre.

VIOLETA
Lo vedesti?

213.   ¿Lo viste?

ALFREDO
Ah no, severo scritto mi lasciava!
Però l'attendo.
T'amerà in vederti.

VIOLETA
Ch'ei qui non mi sorprenda
lascia che m'allontani... tu lo calma...

Ai piedi suoi mi getterò divisi
ei più non ne vorrà, sarem felici,
perchè tu m'ami, Alfredo,
non è vero?

ALFREDO
O, quanto!
Perchè piangi?

VIOLETA
Di lagrime avea d'uopo
or son tranquilla.

Lo vedi? Ti sorrido... Lo vedi?
Or son tranquilla
ti sorrido.
Sarò là, tra quei fior
presso a te sempre.
Amami, Alfredo,
quant'io t'amo!
Addio!

214. ¡Ah no, me dejó una severa carta!
Lo estoy esperando.
Te amará en cuanto te vea.

(Muy agitada)
215. Que no me sorprenda aquí
déjame alejarme... tú lo calmarás...

¿Yo me arrojaré a sus pies y
ya no desearé separarnos, seremos felices,
porque tú me amas, Alfredo,
no es verdad?

216. ¡Oh cuanto!
¿Por qué lloras?

217. Tenía unas pocas lágrimas
pero ya estoy tranquila.

¿Lo ves? ¡Te sonrió... lo ves?
Estoy tranquila
te sonrió.
Allá estaré, entre las flores
siempre cerca de ti.
¡Ámame, Alfredo,
ámame tanto como yo a ti!
¡Adiós!

ESCENA VII

Corre hacia el jardín.

ALFREDO
Ah, vive sol quel core all'amor mio!

È tardi... ed oggi forse
più non verrà mio padre.

GIUSEPPE
La signora è partita
l'attendeva un calesse, e sulla via
già corre di Parigi.
Annina pure prima di lei spariva.

ALFREDO
Il so, ti calma.

218. ¡Su corazón solo vive para mi amor!

(Mira el reloj sobre la chimenea.)
Es tarde... quizás mi padre
no vendrá hoy.

(entra presuroso)
219. La señora ha partido
la esperaba una calesa
y ahora corre hacia Paris.
Annina salió antes que ella.

220. Ya lo, sé cálmate.

GIUSEPPE
Che vuol dir ciò?

221. ¿Qué debo decir?

Sale.

ALFREDO
Va forse d'ogni avere
ad affrettar la perdita
ma Annina
lo impedirà.

222. Ella va quizás a efectuar
la venta de sus cosas
pero Annina
lo impedirá.

(Se vé al padre cruzando el jardin.)
¿Quién va por el jardín?

Qualcuno è nel giardino?

COMISARIO
Il signor Germont?

223. ¿El señor Germont?

ALFREDO
Son io.

224. Yo soy.

COMISARIO
Una dama da un cocchio,
per voi, di qua non lunge,
mi diede questo scritto.

225. Una dama de un carruaje cerca,
de aquí me dio esta carta,
para usted.

ESCENA VIII

ALFREDO
Di Violeta! Perchè son io commosso?
A raggiungerla forse ella m'invita
io tremo! Oh ciel! Coraggio!

226. ¡De Violeta! ¿Por qué estoy tan nervioso?
¡Quizás me invita a ir con ella
yo tiemblo! ¡Oh cielos! ¡Valor!

(Abre la carta y la lee.)

"Alfredo, al giungervi di questo foglio."

"Alfredo, cuando recibas esta nota."

Ah! Padre mio!

¡Ah! ¡Padre mío!

GERMONT
Mio figlio!
Oh, quanto soffri!
Tergi, ah, tergi il pianto!
Ritorna di tuo padre
orgoglio e vanto.

227. ¡Hijo mío!
¡Oh cuanto sufres!
¡Oh seca tu llanto!
Vuelve a ser el orgullo y
la alegría de tu padre.

Alfredo, desesperado se sienta cerca de la mesa con la cara entre sus manos.

GERMONT (*continuato*)
Di Provenza il mar, il suol
chi dal cor ti cancello?
Al natio fulgente sol
qual destino ti furò?
Oh, rammenta pur nel duol
ch'ivi gioia a te brillò;
e che pace colà sol
su te splendere ancor può.
Dio mi guidò!
Ah, il tuo vecchio genitor
tu non sai quanto soffrì.
Te lontano, di squallor il suo tetto si coprì.
Ma se alfin ti trovo ancor,
se in me speme non fallì,
se la voce dell'onor
in te appien non ammutì,
Dio m'esaudi!

Nè rispondi d'un padre all'affetto?

ALFREDO
Mille serpi divoranmi il petto.
Mi lasciate!

GERMONT
Lasciarti!

ALFREDO
Oh vendetta!

GERMONT
Non più indugi
partiamo t'affretta.

ALFREDO
Ah, fu Douphol!

GERMONT
M'ascolti tu?

ALFREDO
No.

¿De Provenza el mar y el sol
tu corazón ya se olvidó?
¿Porque el destino nubló
el fulgurante sol de tu tierra natal?
Recuerda aun dentro de
tu dolor que allá fuiste muy feliz,
allá la paz puede brillar
para ti otra vez.
¡Fue Dios quien me guio hasta aquí!
Tui no sabes cuánto sufrió tu
viejo padre, al tenerte lejos.
Su hogar deberás estuvo desolado.
Pero ahora al encontrarte,
mis esperanzas no fueron vanas,
si la voz del honor no es
silenciosa para ti, es que Dios
me ha escuchado.

(*Lo abraza.*)
¿No respondes al afecto de un padre?

228. Mil serpientes devoran mi pecho.
¡Déjame!

229. ¡Dejarte!

230. ¡Oh venganza!

231. No más demoras
partamos de prisa.

232. ¡Ah, fue Douphol!

233. ¿Me estás escuchando?

234. No.

GERMONT

Dunque invano trovato t'avrò!
No, non udrai rimproveri;
copriam d'oblio il passato;
l'amor che m'ha guidato,
sa tutto perdonar.
Vieni, i tuoi cari in giubilo
con me rivedi ancora:
a chi penò finora
tal gioia non negar.
Un padre ed una suora
t'affretta a consolar.

235.   ¡Fue en vano el haberte encontrado!
no escucharás reproches;
cubramos de olvido el pasado;
es el amor el que me ha guiado,
y que sabe perdonarlo todo.
Ven y de nuevo verás a tus seres queridos.
No les niegues
esa alegría a los que han
sufrido por ti.
Ven a consolar a un padre
y a una hermana.

ALFREDO

Ah, ell'è alla festa!
Volisi l'offesa a vendicar!

(Vé sobre la mesa la carta de Flora)

236.   ¡Ah, ella está en la fiesta!
¡Vengaré esta ofensa!

(Sale a toda prisa.)

GERMONT

Che dici?
Ah, ferma!

237.   ¿Qué dices?
¡Detente!

ESCENA IX

Una habitación ricamente amueblada y brillantemente iluminada en casas de Flora.
Una puerta atrás y otra en cada lado. Una mesa ne donde los invitados juegan cartas.
Flora, el Marques, el Doctor y otros invitados a la izquierda platicando.

FLORA

Avrem lieta
di maschere la notte.
N'è duce il viscontino
Violeta ed Alfredo anco invitai.

238.   Tendremos mascaras
para alegrar la noche.
El vizconde será el líder
Invité a Violeta y Alfredo.

MARQUES

La novità ignorate?
Violeta e Germont sono disgiunti.

239.   ¿Ignoras la novedad?
Violeta y Germont se han separado.

DOTTORE Y FLORA

Fia vero?

240.   ¿Es verdad?

MARQUES

Ella verrà qui col barone.

241.   Ella vendrá con el Barón.

DOTTORE

Li vidi ieri ancor
parean felici.

242.   Ayer los vi
parecían felices.

FLORA

Silenzio! Udite?

243.   ¡Silencio! ¿Oyen?

TODOS
Giungono gli amici!

244. ¡Llegan los amigos!

ESCENA X

Un grupo de invitados usando máscaras y trajes de gitanos entran por la derecha.

ZINGARELLE
Noi siamo zingarelle
venute da lontano;
d'ognuno sulla mano
leggiamo l'avvenir.
Se consultiam le stelle
null'avvi a noi d'oscuro,
e i casi del futuro
possiamo altrui predir.

Vediamo!
Voi, signora,
Rivali alquante avete.

ZINGARELLE *(continuato)*
Marchese, voi non siete
model di fedeltà.

FLORA
Fate il galante ancora?
Ben, vò me la paghiate!

MARQUES
Che dianci vi pensate?
L'accusa è falsità!

FLORA
La volpe lascia il pelo,
non abbandona il vizio
Marchese mio, giudizio
O vi farò pentir.

TODOS
Su via, si stenda un velo
sui fatti del passato;
già quel ch'è stato è stato,
badate/badiamo all'avvenir.

245. Nosotros somos gitanas
venimos desde muy lejos;
en la mano de cualquiera
leemos el futuro.
Si consultamos las estrellas
nada non será desconocido,
y los hechos del futuro
podemos predecir.

(Mirando la mano de Flora)
¡Veamos!
Usted, señora,
tiene algunas rivales.

(Observando la mano del Marques)
Marqués, usted no es un
modelo de fidelidad.

(Al Marques)
246. ¿Le haces al galante otra vez?
¡Bien, me la pagaras!

(A Flora)
247. ¿Qué diantres pensaste?
¡La acusación es falsa!

248. El zorro cambia de pelo,
pero no abandona sus vicios
Marques guarda el juicio
O haré que te arrepientas.

249. Vamos, extendamos un velo
sobre los hechos del pasado;
lo hecho y hecho está,
sigamos hacia el futuro.

ESCENA XI

Flora y el Marques se estrechan la mano.
Gaston entra con un grupo de invitados enmascarados vestidos de toreros.

GASTON Y MATTADORI
Di Madride noi siam mattadori,
siamo i prodi del circo dè tori,
testè giunti a godere del chiasso
che a Parigi
si fa pel bue grasso;
e una storia, se udire vorrete,
quali amanti noi siamo saprete.

250. De Madrid somos matadores,
somos el orgullo de la plaza,
de toros y venimos a gozar de la fiesta
que hacen en Paris
en honor del buey graso;
y si una historia, quieren oír sabrán
qué clase de amantes somos.

FLORA, DOTTORE, MARCHESE, CORO
Sì, sì, bravi: narrate, narrate!
Con piacere l'udremo.

251. ¡Si, si, bravo: cuéntenla!
Con placer la oiremos.

GASTON Y MATTADORI
Ascoltate!
È Piquillo un bel gagliardo
biscaglino mattador:
forte il braccio, fiero il guardo,
delle giostre egli è signor.

252. ¡Escuchen!
Es Piquillo un apuesto matador
que viene desde Vizcaya:
fuerte el brazo, mirada fiera,
de la arena es el señor.

GASTON Y MATTADORI (*continuato*)
D'andalusa giovinetta
follemente innamorò.
Ma la bella ritrosetta
così al giovane parlò:
cinque tori in un sol giorno
vò vederti ad atterrar;
e se vinci, al tuo ritorno
Mano e cor ti vò donar.
Sì! Gli disse, e il mattadore,
alle giostre mosse il piè;
cinque tori, vincitore
sull'arena egli stendè.

De una joven andaluza
locamente se enamoró.
Pero la bella damisela
así al joven le habló:
cinco toros en un solo día
yo quiero verte lidiar;
y si los vences, a tu retorno
Mano y corazón te voy a dar.
¡Si! Le dice el matador,
en la arena planta el pie;
vencedor de cinco toros
sobre la arena él extendió.

FLORA, DOTTORE, MARCHESE, CORO
Bravo, bravo il mattadore,
ben gagliardo si mostrò
se alla giovane l'amore
in tal guisa egli provò!

253. Bravo, bravo el matador,
bien gallardo se mostró
y a la joven su amor en
esta forma el probó.

GASTON Y MATTADORI
Poi, tra plausi, ritornato
alla bella del suo cor,
colse il premio desiato
tra le braccia dell'amor.

254. Entre aplausos retornó
a la bella de su corazón,
recibe el premio deseado
entre los brazos del amor.

FLORA, DOTTORE, MARCHESE, CORO
Con tai prove i mattadori
san le belle conquistar!

255.
Con éstas pruebas los matadores
suelen a las bellas conquistar.

GASTON Y MATTADORI
Ma qui son più miti i cori;
a noi basta folleggiar.

256. Pero aquí los corazones; son muy tiernos
y a nosotros nos basta con jugar.

TODOS
Sì, sì, allegri Or pria tentiamo
della sorte il vario umor;
la palestra dischiudiamo
agli audaci giuocator.

257. Si, si, alegres buscaremos
de la suerte su favor;
abramos la palestra
al audaz jugador.

ESCENA XII

Los hombres se quitan las mascaras.

TODOS
Alfredo! Voi!

258. ¡Alfredo! ¡Tu!

ALFREDO
Sì, amici.

259. Si, amigos.

FLORA
Violeta?

260. ¿Y Violeta?

ALFREDO
Non ne so.

261. No lo sé.

TODOS
Ben disinvolto! Bravo!
Or via, giuocar si può.

262. ¡Que desenvoltura! ¡Bravo!
Ahora podemos jugar.

Entra Violeta del brazo del Baróne.

FLORA
Qui desiata giungi.

263. Llegó la que esperábamos.

VIOLETA
Cessi al cortese invito.

264. Cedi a la cortesa invitación.

FLORA
Grata vi son, barone,
d'averlo pur gradito.

265. Te lo agradezco, Barón,
el que usted haya venido.

BARÓN
Germont è quí!
Il vedete!

266. *(En voz baja a Violeta)*
¡Germont está aquí!
¡Lo ves!

VIOLETA
Ciel! Gli è vero!

267. *(Para si misma)*
¡Cielos! ¡Es verdad!

Il vedo.

(En voz baja al baróne)
Si, lo veo.

BARÓN
Da voi non un sol detto
si volga a questo Alfredo.
Non un detto!

268. No digas ni una palabra
ni una palabra a Alfred.
¡Ni una palabra!

VIOLETA
Ah, perchè venni, incauta!
Pietà di me, gran Dio!

269. *(para si)*
¡Ah, porque vina, incauta!
¡Piedad, gran Dios!

Flora sienta a Violeta en un sofé, el Doctor se aproxima a ellas, el Barón habla con el Marques.
Caston corta las cartas, Alfredo y los otros hacen sus apuestas para iniciar el juego.

FLORA
Meco t'assidi: narrami
quai novità vegg'io?

270. ¿Siéntate conmigo y cuéntame
que novedades tienes?

ALFREDO
Un quattro!

271. ¡Un cuatro!

GASTON
Ancora hai vinto.

272. Has ganado de nuevo.

ALFREDO
Sfortuna nell'amore
vale fortuna al giuoco!

273. ¡Desafortunado en el amor
afortunado en el juego!

TODOS
È sempre vincitore!

274. ¡Es siempre el vencedor!

ALFREDO
Oh, vincerò stasera;
e l'oro guadagnato
poscia a goder trà campi
ritornerò beato.

275. Voy a ganar esta noche;
y el oro que yo gane
lo voy a disfrutar cuando
retorne al campo.

FLORA
Solo?

276. ¿Solo?

ALFREDO
No, no, con tale che vi fu meco ancor,
Poi mi sfuggìa.

277. Oh no, con la que estaba conmigo,
allá y que después me abandono.

VIOLETA
Mio Dio!

GASTON
Pietà di lei!

BARÓN
Signor!

VIOLETA
Frenatevi, o vi lascio.

ALFREDO
Barone, m'appellaste?

BARÓN
Siete in sì gran fortuna,
che al giuoco mi tentaste.

ALFREDO
Sì? La disfida accetto.

VIOLETA
Che fia? Morir mi sento.
Pietá Gran Dio, pietá!
Gran Dio di me!

BARÓN
Cento luigi a destra.

ALFREDO
Ed alla manca cento.

GASTON
Un asse... un fante...

Hai vinto!

BARÓN
Il doppio?

ALFREDO
Il doppio sia!

GASTON
Un quattro... un sette...

TODOS
Ancora!

278. ¡Dios mío!

(A Alfredo)
279. ¡Ten piedad de ella!

(A Alfredo enojado)
280. ¡Señor!

(Al barón)
281. Cálmate, o me marcho.

282. ¿Barón, me hablaste?

283. Tienes una gran suerte y
a jugar me tentaste.

284. ¿Sí? Acepto el reto.

285. Me siento morir.
¡Piedad Gran Dios, piedad!
¡Gran Dios de me!

(Apostando)
286. Cien luises a la derecha.

(Apuesta)
287. Y a la izquierda, cien.

(Dando cartas)
288. Un as... una sota...

(A Alfredo
¡Has ganado!

289. ¿Juegas el doble?

290. ¡Sea el doble!

291. Un cuatro... un siete...

292. ¡Otra vez!

ALFREDO
Pur la vittoria è mia!

293.   ¡La victoria es mía!

CORO
Bravo davver!
La sorte è tutta per Alfredo!

294.   ¡Bravo!
¡Toda la suerte es de Alfredo!

FLORA
Del villeggiar la spesa farà il baron.
Già il vedo.

295.   El Barón pagará la estancia en el campo.
Ya lo verán.

ALFREDO
Seguite pur!

(Al Barón)
296.   ¡Continuemos!

SIRVIENTE
La cena è pronta!

297.   ¡La cena está servida!

FLORA
Andiamo.

298.   Vamos.

CORO
Andiamo.

299.   Vamos.

VIOLETA
Che fià? Morir mi sento
pietà Gran Dio pietà!
Gran Dio di me!

(Para si)
300.   ¿Qué haré? ¡Me siento morir
piedad Gran Dios, piedad!
¡Gran Dios de mí!

ALFREDO
Se continuar v'aggrada...

301.   Si deseas continuar...

BARÓN
Per ora nol, possiamo...
Più tardi la rivincita.

302.   Por ahora no, podemos...
Sea más tarde la revancha.

ALFREDO
Al gioco che vorrete.

303.   Al juego que quieras.

BARÓN
Seguiam gli amici... poscia...

304.   Sigamos a los amigos... después...

ALFREDO
Sarò qual bramerete... Andiam.

305.   Sea como quieras... Vamos.

BARÓN
Andiam.

306.   Vamos.

Todos salen.

ESCENA XIII

El escenario queda vacio por unos momentos.

VIOLETA
Invitato a qui seguirmi, verrà desso?
Vorrà udirmi?
Ei verrà! Chè l'odio atroce
puote in lui più di mia voce.

ALFREDO
Mi chiamaste?
Che bramate?

VIOLETA
Questi luoghi abbandonate,
un periglio vi sovrasta!

ALFREDO
Ah, comprendo! Basta, basta.
E sì vile mi credete?

VIOLETA
Ah no, mai!

ALFREDO
Ma che temete?

VIOLETA
Temo sempre del Barone.

ALFREDO
È tra noi mortal quistione
s'ei cadrà per mano mia
un sol colpo vi torrìa
coll'amante il protettore
v'atterrisce tal sciagura?

VIOLETA
Ma s'ei fosse l'uccisore?
Ecco l'unica sventura
Ch'io pavento a me fatale.

ALFREDO
La mia morte!
Che ven cale?

VIOLETA
Deh, partite, e sull'istante!

ALFREDO
Partirò, ma giura innante
che dovunque seguirai
i miei passi.

(*Regresa muy nerviosa seguida por Alfredo*)

307. ¿Lo he invitado a seguirme, vendrá?
¿Querrá escucharme?
¡El vendrá! El odio que por me siente,
podrá más que mis palabras.

308. ¿Me llamaste?
¿Qué quieres?

309. ¡Abandona éste lugar,
un peligro te amenaza!

310. ¡Ah, comprendo! Basta, basta.
¿Me crees un cobarde?

311. ¡Ah no, nunca!

312. ¿Pero qué es lo que temes?

313. Le temo al Barón.

314. ¿Es entre nosotros cuestión mortal
y si muere por mano mía,
perderás de un solo golpe
amante y protector
te aterroriza tal destino?

315. ¡Pero si él te mata!
Ese pensamiento me cause
un miedo mortal.

316. ¡Mi muerte!
¿Qué te importa?

317. ¡Por favor, vete al instante!

318. Partiré, si ahora me juras
que adonde quiera que yo vaya
mis pasos seguirás.

VIOLETA
Ah, no, giammai.

319.　Ah, no, jamás.

ALFREDO
No, giammai!

320.　¡No, jamás!

VIOLETA
Và, sciagurato!
Scorda un nome ch'è infamato!
Va, mi lascia sul momento
di fuggirti un giuramento sacro io feci!

321.　¡Vete desgraciado!
　　¡Olvídate de mi nombre!
　　¡Pues de dejarte he hecho
　　un sagrado juramento!

ALFREDO
E chi?
Dillo chi potea?

322.　¿A quién?
　　¿Quién te obligo?

VIOLETA
Chi diritto pien ne avea!

323.　¡A quien tenía el derecho!

ALFREDO
Fu Douphol?

324.　¿A Douphol?

VIOLETA
Si!

325.　¡Si!

ALFREDO
Dunque... l'ami?

326.　¿Entonces... lo amas?

VIOLETA
Ebben... l'amo...

327.　So... lo amo...

ALFREDO
Or tutti a me!

(Corre furioso a la puerta y grita)
328.　¡Vengan todos!

Todos regresan.
ESCENA XIV

TODOS
Ne appellaste? Che volete?

329.　¿Nos llamaste? ¿Qué quieres?

ALFREDO
Questa donna conoscete?

(Señalando a Violeta)
330.　¿Conocen a esta mujer?

TODOS
Chi? Violeta?

331.　¿A quién? ¿A Violeta?

ALFREDO
Che facesse non sapete?

332.　¿No saben lo que ha hecho?

VIOLETA
Ah, taci!

333.　¡No, calla!

TODOS
No!

ALFREDO
Ogni suo aver tal femmina
per amor mio sperdea
Io cieco, vile, misero.
Tutto accettar potea.
Ma è tempo ancora!
Tergermi da tanta macchia bramo
qui testimoni vi chiamo
che qui pagata io l'ho.

334. ¡No!

335. Todas sus posesiones,
esta mujer por mi amor perdió
yo ciego, vil y miserable.
Le acepté todo.
¡Pero aún es tiempo!
De borrar tal mancha
los he llamado como testimonio
de que aquí pago mi deuda.

ESCENA XV

El arroja las ganancias del juego a los pies de Violeta, la cual se desmaya en brazos de Flora.
Sorpresivamenter llega el padre de Alfredo.

TODOS
Oh, infamia orribile
tu commettesti!
Un cor sensibile
Così uccidesti!
Di donne ignobile Insultator,
Di qui allontanati,
Ne desti orror!
Va!

336. ¡Que horrible infamia
has cometido!
¡Al golpear así a un corazón
tan sensible!
Aléjate de aquí, innoble insultador
de damas.
¡Qué horror!
¡Vete!

GERMONT
Di sprezzo degno se stesso rende
chi pur nell'ira la donna offende.
Dove'è mio figlio?
Più non lo vedo.
In te più Alfredo,
trovar non so.

(Sumamente disgustado)

337. Desprecio es lo que merece
aquel que en su ira a la mujer ofende.
¿En dónde está mi hijo?
Ya no lo veo.
En ti Alfredo,
ya no lo encuentro.

ALFREDO
Ah, sì! Che feci? Ne sento orrore!
Gelosa smania, deluso amore.
Mi strazia l'alma, più non ragiono.
Da lei perdono, più non avrò.
Volea fuggirla non ho potuto!
Dall'ira spinto son qui venuto!
Or che lo sdegno ho disfogato,
Me sciagurato, rimorso n'ho!

(Para sí)

338. ¿Qué he hecho? ¡Siento horror!
Locura de celos, desilusión de amor.
Mi alma destrozada ya no razona.
Ya no tendré su perdón.
¡Yo quise dejarla pero no pude!
¡Vine aquí a liberar mi ira!
¡Y ahora que me he desahogado,
me mata el remordimiento!

FLORA, GASTON, DOTTORE, MARCHESE
Oh! Quanto peni!
Ma pur fa cor
qui soffre ognuno del tuo cdolor.
Fra cari amici qui sei soltanto
rasciuga il pianto che t'inondò.

GERMONT
Io sol fra tanti, so qual virtude
di quella misera il sen racchiude
io so che l'alma che gli è fedele
eppur crudele tacer dovrò.

BARÓN
A questa donna l'atroce insulto
qui tutti offese ma non inulto
fia tanto oltraggio. Provar vi voglio
che il vosto orgoglio fiaccar saprò.

ALFREDO
Che feci! Ohimè!
Ohimè... che feci!
Ne sento orrore!
Da lei perdono più non avrò.

VIOLETA
Alfredo, Alfredo, di questo core
non puoi comprendere tutto l'amore;
Tu non conosci che fino a prezzo
del tuo disprezzo, provato io l'ho.
Ma verrà giorno in che il saprai
com'io t'amassi confesserai...
Dio dai rimorsi ti salvi allora!
Io spenta ancora t'amerò.

(A Violeta)
339.
¡Oh! ¡Cuánta pena!
Pero no te descorazones
todos te acompañamos en tu dolor.
Entre los amigos que te queremos,
secaremos tu llanto.

340. Solo yo, se la virtud que anida
en el pecho de ella
yo sé que ella es fiel
y que ha callado por respetar su promesa.

(En voz baja a Alfredo)
341. El atroz insulto a esta dama,
nos ofende a todos
pero tal ultraje será vengado.
Yo sabré doblegar tu orgullo.

342. ¡Que hice! ¡Cielos!
¡Cielos... que hice!
Nunca tendré el perdón de ella.

343. Alfredo, Alfredo, de éste corazón
tu no comprendes todo el amor.
Tú no sabes el precio que he pagado
por tu des precio.
Pero llegará el día en que
te des cuenta de todo lo que te amé.
¡Dios te salve del remordimiento!
Aun muerta yo te amaré.

Germont conduce a su hijo hacia afuera, El Barón los sigue.
Flora y el Doctor llevan a Violeta a otra habitación. Los demas se dispersan.

Acto Tercero

ESCENA I

Habitación de Violeta. Violeta duerme en su cama.
Annina sentada cerca de la chimenea.

VIOLETA
Annina?

344. ¿Annina?

ANNINA
Comandate?

345. ¿Mande usted?

VIOLETA
Dormivi, poveretta?

346. ¿Dormías, pobrecita?

ANNINA
Sì, perdonate!

347. ¡Si, perdóneme!

VIOLETA
Dammi d'acqua un sorso.
Osserva, è pieno il giorno?

348. Dame un sorbo de agua.
¿Observa si ya es de día?

ANNINA
Son sett'ore.

349. Son las siete.

VIOLETA
Dà accesso a un pò di luce.

350. Deja entrar un poco de luz.

ANNINA
Il signor di Grenvil.

351. El señor Grenvil.

VIOLETA
Oh, il vero amico!
Alzar mi vò m'aita.

352. ¡Oh, mi verdadero amigo!
Ayúdame a levantarme.

ESCENA II

Ella se incorpora, cae hacia atrás, Annina la ayuda, llega el Doctor y la ayuda.

VIOLETA
Quanta bontà!
Pensaste a me per tempo.

353. ¡Cuánta bondad!
Pensaste en mí a tiempo.

DOTTORE
Sì, come vi sentite?

354. ¿Si, como te sientes?

VIOLETA
Soffre il mio corpo,
ma tranquilla ho l'alma.
Mi confortò ier sera
un pio ministro.
Religione è sollievo à sofferenti.

355. Sufre mi cuerpo,
más tranquila esta mi alma.
Ayer vino un sacerdote
a confortarme.
La religión es un alivio para el enfermo.

DOTTORE
E questa notte?

356. ¿Y a noche?

VIOLETA
Ebbi tranquillo il sonno.

357. Tuve sueño tranquilo.

DOTTORE
Coraggio adunque!
La convalescenza non è lontana.

358. ¡Entonces ten valor!
La convalecencia no será larga.

VIOLETA
Oh, la bugia pietosa
ai medici è concessa.

359. La mentira piadosa les está
permitida a los médicos.

DOTTORE
Addio! A più tardi.

360. ¡Adiós! Hasta más tarde.

VIOLETA
Non mi scordate.

361. No me olvides.

ANNINA
Come va, signore?

362. ¿Cómo está señor?

DOTTORE
La tisi non le accorda...
Che poche ore.

363. La tisis no cede...
Le quedan pocas horas.

ESCENA III

ANNINA
Or fate cor!

(A Violeta)
364. ¡Ten valor!

VIOLETA
Giorno di festa è questo?

365. ¿Es hoy día de fiesta?

ANNINA
Tutta Parigi impazza è carnevale.

366. Todo Paris está alegre es carnaval.

VIOLETA
Ah, nel comun tripudio, sallo il cielo
quanti infelici soffron!
Quale somma v'ha in quello stipo?

367. ¡Solo Dios sabe cuántas almas
sufren mientras la gente se divierte!
¿Cuánto queda en ese cajón?

ANNINA
Venti luigi.

368. Veinte luises.

VIOLETA
Dieci ne reca ai poveri tu stessa.

369. Toma diez y da diez a los pobres.

ANNINA
Poco rimanvi allora.

370. Ahora queda muy poco.

VIOLETA
Oh, mi sarà bastante!
Cerca poscia mie lettere.

371. ¡Para, o es bastante!
Ve si hay cartas para mí.

ANNINA
Ma voi?

372. ¿Y usted se queda sola?

VIOLETA
Nulla occorrà...
Sollecita, se puoi.

373. No me pasará nada...
Ve de prisa.

ESCENA IV

Sale Annina, Violeta extrae del seno una carta y la lee.

VIOLETA
Teneste la promessa la disfida
ebbe luogo!
Il barone fu ferito, però migliora
Alfredo è in stranio suolo.
Il vostro sacrifizio
io stesso gli ho svelato;
egli a voi tornerà pel suo perdono.
Io pur verrò Curatevi,
meritate un avvenir migliore.
Giorgio Germont.

374. ¡Mantuviste tu promesa
ele duelo tuvo lugar!
El barón fue herido pero mejora
Alfredo está en tierra extranjera.
Le he revelado tu sacrificio
el regresará a pedir tu perdón
yo también vendré.
Cuídate mucho,
mereces un porvenir mejor.
Giorgio Germont.

È tardi! Attendo,
attendo nè a me giungon mai!...
Oh, come son mutata!
Ma il dottore a sperar pure m'esorta!

¡Es tarde!
¡Espero, espero y nunca llegan!...
¡Como estoy cambiada!
¡Pero el doctor me pide que espere!

Ah, con tal morbo
ogni speranza è morta.
Addio, del passato bei sogni ridenti,
le rose del volto già son pallenti.

Con ésta enfermedad
toda esperanza está muerta.
Adiós sueños sonrientes del pasado,
las rosas de mis mejillas se han desvanecido.

L'amore d'Alfredo pur esso mi manca,
conforto, sostegno dell'anima stanca.
Ah, della traviata sorridi al desio;
a lei, deh, perdona; tu accoglila,
o Dio, or tutto finì.

Me falta el amor de Alfredo para
confortar, a mi alma cansada.
Perdona a la Traviata y acógela;
oh Dios todo ha terminado.

CORO DE CARNAVAL

Largo al quadrupede	375.	Paso al cuadrúpedo
sir della festa,		señor de la fiesta,
di fiori e pampini.		con flores coronada la testa.
Cinto la testa		Paso al más dócil
largo al più docile		de todos los cornudos
d'ogni cornuto, di corni e pifferi		Recibámoslo con trompetas
abbia il saluto.		y flautas.
Parigini, date passo		Parisino, abre paso
al trionfo del Bue grasso.		al triunfante buey graso.
L'Asia, nè l'Africa		Ni Asia, ni África vieron
vide il più bello,		algo tan bello
vanto ed orgoglio		él es el orgullo de todos
d'ogni macello.		los carniceros.
Allegre maschere,		¡Alegres enmascarados,
pazzi garzoni,		locos muchachos,
tutti plauditelo		alábenlo todos
con canti e suoni!		con música y cantos!

ESCENA V

ANNINA

Signora!	376.	¡Señora!

VIOLETA

Che t'accade?	377.	¿Qué te pasa?

ANNINA

Quest'oggi, è vero? Vi sentite meglio?	378.	¿Se siente mejor este día?

VIOLETA

Sì, perchè?	379.	¿Si, porque?

ANNINA

D'esser calma promettete?	380.	¿Me promete estar calmada?

VIOLETA

Sì, che vuoi dirmi?	381.	¿Si, que quieres decirme?

ANNINA

Prevenir vi volli una gioia improvvisa.	382.	Prevenirla de una alegría imprevista.

VIOLETA

Una gioia dicesti?	383.	¿Una alegría dijiste?

ANNINA

Sì, o signora.	384.	Si, señora.

VIOLETA

Alfredo! Ah, tu il vedesti?	385.	¡Alfredo! ¿Tú lo viste?
Ei vien! L'affretta!		¡Ya viene¡

Annina asiente con la cabeza y se dirige a abrir la puerta, Violeta la sigue.

ESCENA VI

Alfredo entra pálido de emoción y ambos se abrazan.

VIOLETA
Alfredo?
Amato Alfredo!
O gionia!

386. ¡Alfredo?
¡Amado Alfredo!
¡Qué alegría!

ALFREDO
Mia Violeta! O gionia!
Colpevol sono so tutto, o cara!

387. ¡Oh Violeta mía! ¡Qué alegría!
¡Yo soy el culpable, lo sé todo querida!

VIOLETA
Io so che alfine reso mi sei!

388. ¡Solo sé que te tengo de nuevo!

ALFREDO
Da questo palpito
s'io t'ami impara.
Senza te esistere più non potrei.

389. Te amo con el palpitar
de mi corazón.
Sin ti no podría existir.

VIOLETA
Ah, s'anco in vita m'hai ritrovata,
credi che uccidere non può il dolor.

390. Que me hayas encontrado con vida,
significa que el dolor no puede matar.

ALFREDO
Scorda l'affanno, donna adorata,
a me perdona e al genitor.

391. Olvida el dolor, mujer adorada
y perdóname a mí y a mi padre.

VIOLETA
Ch'io ti perdoni?
Rea son io:
ma solo amore tal mi rendè.

392. ¿Que yo te perdone?
Yo soy la culpable:
y el amor me obligó a serlo.

ALFREDO Y VIOLETA
Null'uomo o demone, angelo mio,
mai più staccarti potrà da me.

393. Ni el hombre ni el demonio
me podrán separar de ti.

ALFREDO
Parigi, o cara noi lasceremo,
la vita uniti trascorreremo.
Dè corsi affanni compenso avrai,
la tua salute rifiorirà.
Sospiro e luce tu mi sarai,
tutto il futuro ne arriderà.

394. Paris, querida nosotros dejaremos,
la vida unidos recorreremos.
Compensaré tus pasadas penas,
y tu salud florecerá.
Tú serás mi luz y mi vida,
todo el futuro nos sonreirá.

VIOLETA
Parigi, o caro noi lasceremo,
la vita uniti trascorreremo.

395. Paris, querido nosotros dejaremos,
la vida unidos recorreremos.

ALFREDO
Si.

396. Si.

VIOLETA
Dè corsi affanni compenso acrai
La mia salute rifiorirà.
Sospiro
la luz de mi vida.
Tutto il futuro ne arriderà.
Ah, non più!
A un tempio, Alfredo, andiamo,
Del tuo ritorno grazie rendiamo.

397. Tendré compensación
por mis pasadas penas.
Mi salud florecerá
luce tu mi sariá tú serás.
Todo el futuro nos sonreirá.
¡Ah, no más!
Vamos a un templo, Alfredo,
damos gracias por tu retorno.

ALFREDO
Tu impallidisci!

398. ¡Empalideces!

VIOLETA
È nulla, sai.
Gioia improvvisa non entra mai
senza turbarlo in mesto core.

399. No es nada.
La alegría no esperada me perturba,
después de haber estado tan triste.

Violeta cae exhausta en una silla.

ALFREDO
Gran Dio! Violeta!

400. ¡Gran Dios! ¡Violeta!

VIOLETA
È il mio malore!
Fu debolezza!
Ora son forte!
Vedi? Sorrido!

401. ¡Esa es mi enfermedad!
¡Fue debilidad!
¡Pero ya estoy bien!
¿Ves? ¡Sonrió!

ALFREDO
Ahi, cruda sorte!

402. ¡Qué suerte tan cruel!

VIOLETA
Fu nulla.
Annina, dammi a vestire.

403. ¡No fue nada!
Annina, ayúdame a vestirme.

ALFREDO
Adesso? Attendi!

404. ¿Ahora? ¡Espera!

VIOLETA
No, voglio uscire!

405. ¡No, quiero salir!

Annina le trae un vestido a Violeta quien trata de ponérselo pero no puede por estar muy debil.

Gran Dio! Non posso!

¡Gran Dios! ¡No puedo!

ALFREDO
Cielo! Che vedo!
Va pel dottor.

406. ¡Cielos! ¡Que veo!
Ve por el doctor.

VIOLETA
Ah! Digli che Alfredo.
È ritornato all'amor mio.
Digli che vivere ancor vogl'io.

Ma se tornando non m'hai salvato,
a niuno in terra salvarmi è dato.

Gran Dio! Morir sì giovane,
Io che penato ho tanto.
Morir sì presso a tergere
il mio sì lungo pianto!
Ah, dunque fu delirio
la cruda mia speranza;
invano di costanza
armato avrò il mio cor.

ALFREDO
Oh mio sospiro,
oh palpito,
diletto del cor mio!
Le mie colle tue lagrime
confondere degg'io!
Ma più che mai, deh!
Credilo, m'è d'uopo di costanza.
Ah, tutto alla speranza
non chiudere il tuo cor.

VIOLETA
Oh Alfredo, il crudo termine.
Serbato al nostro amor.

ALFREDO
Ah, Violeta mia, deh, calmati.
M'uccide il tuo dolor.

407. ¡Ah! Dile que Alfredo ha retornado.
Ha retornado al amor mío.
Dile que vivir quiero otra vez.

Pero si con su retorno no me salvo,
a nadie en la tierra salvarme le es dado.

¡Gran Dios! Morir tan joven,
yo que he penado tanto.
¡Y he llorado un largo llanto!

Entonces todo fue una ilusión
la crédula esperanza;
en vano la constancia
que tuvo mi corazón.

408. ¡Oh suspiro mío,
latido de mi corazón,
deja que mis!
¡Lágrimas se con
fundan con las tuyas!
¡Pero nunca más que ahora!
Créelo necesito tu devoción,
y tu constancia.
No cierres tu corazón a la esperanza.

409. Oh Alfredo, que cruel final.
Ha tenido nuestro amor.

410. Ah, Violeta mía, cálmate.
Me mata tu dolor.

ESCENA ULTIMA

Entra Germont con Annina y el doctor.

GERMONT
Ah, Violeta!

411. ¡Ah, Violeta!

VIOLETA
Voi, Signor?

412. ¿Usted? ¿Señora?

ALFREDO
Mio padre!

413. ¡Mi padre!

VIOLETA
Non mi scordaste?

414. ¿No me olvido?

GERMONT
La promessa adempio
a stringervi qual figlia vengo al seno.
O generosa!

415.

Cumplo la promesa de venir
a abrazarte como a una hija.
¡O generosa!

VIOLETA
Ahimè, tardi giungeste!

416.

¡Ha venido muy tarde!

(Lo abrasa)
Pure, grata ven sono.
Grenvil, vedete?
Tra le braccia io spiro
di quanti ho cari al mondo.

Pero se lo agradezco.
¿Ves Grenvil?
Muero entre los brazos
de los que más amo en el mundo.

GERMONT
Che mai dite?
Oh cielo! È ver!

417.

¿Pero qué dices?
¡Oh cielo! ¡Es verdad!

ALFREDO
La vedi, padre mio?

418.

¿La ves padre mío?

GERMONT
Di più non lacerarmi
troppo rimorso l'alma mi divora
quasi fulmin m'atterra ogni suo detto.

419.

No digas más. ¡No me tortures!
El remordimiento devora mi alma.
Tus palabras me fulminan.

Violeta abre un cajón y toma un medallón.

Oh, malcauto vegliardo!
Ah, tutto il mal ch'io feci ora sol vedo.

¡Oh, desgraciado!
Ahora veo todo el mal que te he hecho.

VIOLETA
Più a me t'appressa ascolta,
amato Alfredo.
Prendi: quest'è l'immagine
dè miei passati giorni.
A rammentar ti torni
colei che sì t'amò.

420.

Acércate a mí y escucha,
amado Alfredo.
Toma este retrato
de mis pasados días.
Para que recuerdes
a aquella que si te amo.

ALFREDO
No, non morrai, non dirmelo
Dei viver, amor mio
a strazio sì terribile
qui non mi trasse Iddio.

421.

No, no me digas que mueres
debes vivir, amor mío
Dios no va a enviarme
tan terrible tormento.

GERMONT
Cara, sublime vittima
d'un disperato amore,
perdonami lo strazio
recato al tuo bel core.

422.

Querida victima sublime
de un amor desesperado,
perdóname el tormento que
causé a tu bello corazón.

VIOLETA

Se una pudica vergine
degli anni suoi nel fiore
a te donasse il core
sposa ti sia lo vò.
Le porgi questa effigie:
dille che dono ell'è
di chi nel ciel tra gli angeli
prega per lei, per te.

423.

Si una virginal dama
en la flor de sus años
te diera su corazón
hazla tu esposa.
Es mi deseo dale éste retrato:
dile que es un regalo
de quien desde el cielo entre
los ángeles ruega por ella y por ti.

GERMONT, DOTTORE Y ANNINA

Finchè avrà il ciglio lacrime
io piangerò per te
vola à beati spiriti;
Iddio ti chiama a sè.

424.

Mientras tenga lagrimas
yo lloraré por ti
vuele tu espíritu al cielo;
Dios te llama a sí mismo.

ALFREDO

Si presto, ah no.
Ah no, dividerti.
Morte non puo da me.
Ah vivi, o solo un feretro!
M'accoglierà con te.

425.

La muerte no podrá.
Separarte de mí.

¡Vive, o en un féretro!
Yo quedaré contigo.

VIOLETA

È strano!

426.

¡Qué extraño!

TODOS

Che!

427.

¿Qué?

VIOLETA

Cessarono gli spasmi del dolore!
In me rinasce.
M'agita insolito vigore!
Ah, io ritorno a vivere!
Oh gioia!

428.

¡Cesaron los espasmos del dolor!
En mi renace.
¡Y agita insólito vigor!
¡Ah, yo vuelvo a vivir!
¡Qué alegría!

Cae hacia atrás en el sofá.

TODOS

O cielo! Muor!

429.

¡Oh cielos! ¡Se muere!

ALFREDO

Violeta!

430.

¡Violeta!

ANNINA Y GERMONT

Oh Dio, soccorrasi!

431.

¡Oh Dios! ¡Ayúdenla!

DOTTORE

È spenta!

432.

¡Está muerta!

TODOS

Oh, mio dolor!

433.

¡Oh, cuanto dolor!

Biografía de Giuseppe Verdi

Giuseppe Verdi nació en el seno de una familia muy modesta, el 10 de Octubre de 1813 en una pequeña población llamada Le Roncole perteneciente al Ducado de Parma en el norte de Italia, en ese entonces bajo el dominio de Napoleón.

Verdi contó desde muy joven con la protección de Antonio Barezzi, un comerciante de Busseto, pueblo vecino a Le Roncole, quien creyó en el potencial musical del joven. Gracias a su apoyo, Verdi pudo desplazarse a Milán con la intención de ingresar como estudiante al Conservatorio cosa que no logró debido a obstáculos burocráticos.

Durante 18 meses de la educación musical de Verdi, en Milán, quien se desempeñó en forma brillante como estudiante.

Sin embargo, por recomendación de Antonio Barezzi, el maestro Vincenzo Lavigna se hizo cargo durante 18 meses de la educación musical de Verdi, en Milán, quien se desempeñó en forma brillante como estudiante.

El 4 de Mayo de 1836, Verdi y Margherita, hija de Antonio Barezzi contrajeron nupcias, ambos tenían 23 años. El 23 de Marzo de 1837, Margherita dio a luz una niña que fue bautizada con el nombre de Virginia Maria Luigia.

En 1836, Verdi fue nombrado Maestro de Música de Busseto y un año después, en Milán, estrenó su primera ópera *Oberto Conte di San Bonifacio* que resultó todo un éxito y le procuró un contrato con el Teatro alla Scala. El 11 de Julio de 1836 nació el segundo hijo de Margherita, lo llamaron Icilio, Romano, Carlo, Antonio.

En 1840, comenzaron las desgracias en la vida de Verdi, primero enfermó su hijo y falleció, pocos días después, la niña también enfermó gravemente y murió y por último en los primeros días de Junio, Margherita contrajo la encefalitis y también falleció.

Todo esto sumió a Verdi en una profunda depresión que estuvo a punto de hacerlo abandonar su carrera musical. En esos días Ricordi su editor, le mostró el libreto de *Nabucco* que le devolvió su interés por la composición.

El 9 de Marzo de 1842 Verdi estrenó *Nabucco* en el Teatro alla Scala, el estreno constituyó un gran éxito y fue su consagración como compositor.

Durante los ensayos de *Nabucco*, Verdi conoció a Giuseppina Strepponi la protagonista de la ópera, que se convirtió en su pareja y con quien se casó en 1859 y vivió con ella hasta 1897 año en que ella murió.

Verdi escribió un total de 27 óperas, una *misa de Requiem*, un *Te Deum*, el *Himno de las Naciones*, obras para piano, para flauta, y otras obras sacras.

Verdi dejó su cuantiosa fortuna para el establecimiento de una casa de reposo para músicos jubilados que llevaría por nombre La Casa Verdi, en Milán que es en donde se encuentra enterrado junto con Giuseppina.

Verdi falleció en Milán, de un derrame cerebral el 27 de Enero de 1901 a los 88 años de edad. Su entierro causó una gran conmoción popular y al paso del cortejo fúnebre el público entonó el coro de los esclavos de *Nabucco* "Va pensiero sull ali dorate."

Óperas de Verdi

Aida	*La Battaglia di Legnano*
Alzira	*La Forza del Destino*
Attila	*La Traviata*
Don Carlo	*Luisa Miller*
Ernani	*Macbeth*
Falstaff	*Nabucco*
Giovanna D'Arco	*Oberto Conte di San Bonifacio*
I Due Foscari	*Otello*
I Lombardi	*Rigoletto*
I Masnadieri	*Simon Boccanegra*
I Vespri Siciliani	*Stiffelio*
Il Corsaro	*Un Ballo in Maschera*
Il Re Lear	*Un Giorno de Regno*
Il Trovatore	

Acerca de Estas Traducciones

El Dr. Eduardo Enrique Prado Alcala nació en 1937 en el norte de México, estudió la carrera de medicina y se especializó en cáncer ginecológico y cáncer de mama.

Ejerció su carrera durante 40 años y finalmente llegó a la edad del retiro.

Desde la edad de 42 años, se hizo aficionado a la ópera y a la música clásica y formó parte de un grupo de amigos aficionados a estas disciplinas. Tuvo la oportunidad de asistir a funciones operísticas en la Ciudad de México, en Guadalajara México, en Toluca México, en Mazatlán México, en Seattle, en Madrid y en Londres. Organizó en la Ciudad de Mazatlán tres conciertos de música clásica, uno de ellos en la catedral.

Jugum Press y Ópera en Español

Prensa publica estas traducciones de ópera por Dr. E.Enrique Prado:

Vincenzo Bellini:
Norma

Georges Bizet:
Carmen

Gaetano Donizetti:
Anna Bolena, Don Pasquale, Lucia di Lammermoor, Lucrezia Borgia

Ruggero Leoncavallo:
I Pagliacci

Pietro Mascagni:
Cavalleria Rusticana

Wolfgang Amadeus Mozart:
Die Zauberflöte, Don Giovanni, Le Nozze di Figaro

Giacomo Puccini:
La Boheme, La Fanciulla del West, Madama Butterfly, Manon Lescaut, Tosca
El Tríptico: Gianni Schicchi, Suor Angelica, Il Tabarro

Giacchino Rossini:
Il Barbiere Di Siviglia, La Cenerentola

Giuseppe Verdi:
Aida, Un Ballo in Maschera, Don Carlo, Ernani, Falstaff, La Forza del Destino, I Lombardi, Macbeth, Nabucco, Otello, Rigoletto, Simon Boccanegra, La Traviata, Il Trovatore

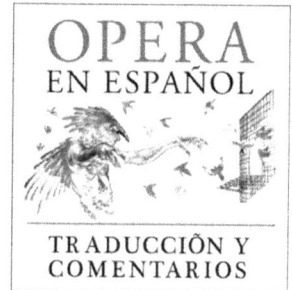

Para información y disponibilidad, por favor vea
www.operaenespanol.com
Correo: JugumPress@outlook.com
Síganos en Twitter: @jugumpress
Regístrate para nuestras noticias: http://eepurl.com/5m7tj